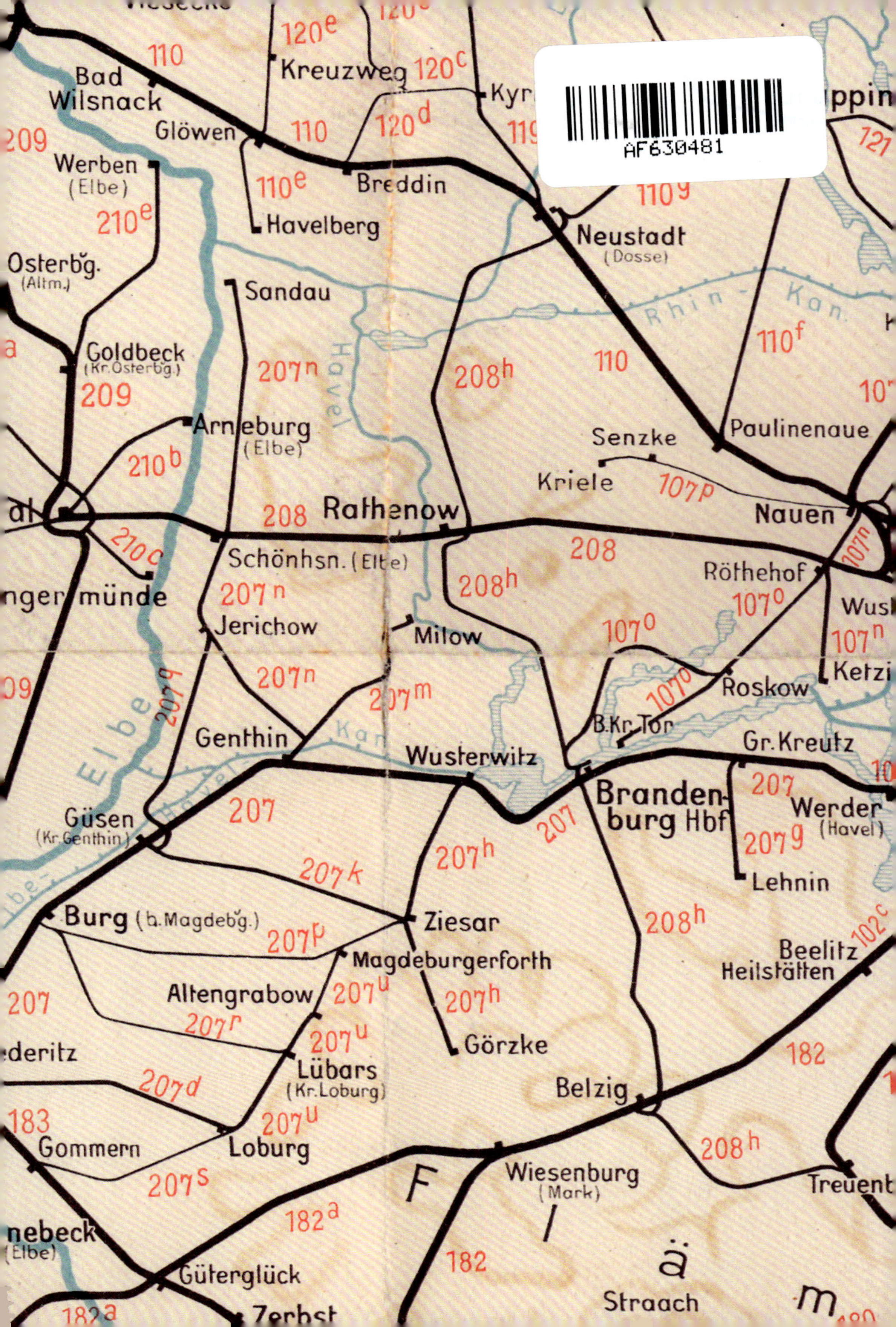
Bad Wilsnack
Glöwen
Kreuzweg
Kyr
Breddin
Werben (Elbe)
Havelberg
Neustadt (Dosse)
Osterbg. (Altm.)
Sandau
Goldbeck (Kr. Osterbg.)
Havel
Rhin-Kan.
Arneburg (Elbe)
Senzke
Paulinenaue
Kriele
Rathenow
Nauen
Schönhsn. (Elbe)
Röthehof
ngermünde
Jerichow
Milow
Wus
Ketzi
Roskow
Elbe
Genthin
Wusterwitz
B.Kr.Tor
Gr. Kreutz
Güsen (Kr. Genthin)
Brandenburg Hbf
Werder (Havel)
Lehnin
Burg (b. Magdebg.)
Ziesar
Magdeburgerforth
Beelitz Heilstätten
Altengrabow
Görzke
ederitz
Lübars (Kr. Loburg)
Belzig
Gommern
Loburg
Wiesenburg (Mark)
Treuenb
nebeck (Elbe)
Güterglück
Zerbst
Straach
F l ä m
110
120e
120c
120d
110e
110g
119
121
209
210e
110f
207n
208h
110
209
210b
208
107p
107n
208
210c
208h
107o
107o
107n
207n
207m
107o
207q
207
207
207
207g
207h
207k
208h
102c
207p
207
207u
207h
207r
207u
207d
182
183
207u
208h
207s
182a
182
182a

MAGDEBURG
Halberstadt
Quedlinbg.
Aschersleben.
Stassfurt
Oschersleben.
Helmstedt
Schöningen
Wernigerode
Blankenbg.
Thale
Ballenstedt
Hettstedt
Eisleben
Nordhsn.
Gardelegen
Klötze
Bismark
Calvörde
Neuhaldensleben.
Weferlingen
Oebisfelde
Vorsfelde
Gifhorn
Wolfenbüttel
Königslutter
Hessen
Osterwiek
Egeln
Seehausen
Mansfeld
Sandersleben
Gerbstadt
Stolberg
Hasselfelde
Benneckenst.
Ellrich
Gernrode
Harzgerode
Leimbach
Calbe
Bernbg.
Hornburg
Schöppenstedt
Ilsenburg
Elbingerode
P
R
H
a
r
z
S
A
C

Ingo Thiele

Dampfbahnen in Sachsen-Anhalt

Reichsbahndampf und Nostalgiebetrieb in faszinierenden Fotografien zwischen 1970 und 2000

SUTTON

50 3606 am 16. August 1988 während der Mittagspause in Blumenberg.

Inhalt

Mit nur einem Wagen macht sich 50 3559 in Blumenberg an einem frühen Augustmorgen 1988 auf den Weg Richtung Magdeburg.

Mit schöner Rauchfahne kommt 50 3582 am 18. September 1981 kurz vor dem Haltepunkt Quarmbeck aus Richtung Quedlinburg heran.

Vorwort

Im heutigen Bundesland Sachsen-Anhalt endete im Oktober 1988 der reguläre, normalspurige Dampflokeinsatz bei der Deutschen Reichsbahn der DDR, beinahe auf den Tag genau elf Jahre später als bei der Schwester im Westen. 50 3559 war die letzte Planlok des Bahnbetriebswerkes (Bw) Halberstadt, Einsatzstelle Oschersleben, der die Ehre der letzten dampfgeführten Züge zuteil wurde. Von diesem Ende aus blicken wir hier zurück auf, zumindest für Dampflokfreunde, bessere Zeiten, als es in der Magdeburger Börde, der Altmark und im gesamten Harzvorland noch kräftig dampfte. Maschinen der Baureihen 41, 50.35 und 52.80 beherrschten das Bild des Dampfbetriebes in dieser Region, und es gab hier nur wenige Strecken, die in den 80er-Jahren keine Dampflok mehr gesehen haben.

Begeben wir uns also auf eine Bilderreise in die Vergangenheit, zu den Dampfbahnen rund um den Harz und bis in die Altmark und erinnern uns an die Einsätze der Bahnbetriebswerke Halberstadt, Oebisfelde, Sangerhausen, Nordhausen, Güsten, Salzwedel, Stendal und Magdeburg sowie einiger kleinerer Einsatzstellen.

Für viele Eisenbahnfreunde kamen die nördlicheren Einsatzgebiete der Dampflokomotiven erst so recht in den Blick, als die Schnellzugloks in Saalfeld aufs Abstellgleis rollten, die 95er nicht mehr durch den Thüringer Wald dröhnten und die Rauchwolken im Erzgebirge seltener wurden. Einen vergleichsweise umfangreichen Dampflokeinsatz gab es in den 80er-Jahren noch in der Lausitz, dort wurde ausschließlich mit der Baureihe 52 gefahren, auf sämtlichen noch verbliebenen Schmalspurbahnen, rund um den Harz und bis hinauf in die Altmark. Daneben hatten z.B. die Bw Brandenburg, Falkenberg und Elsterwerda, Eberswalde und Angermünde noch nennenswerte Dampflokumläufe.

Attraktiv war das Harzvorland vor allem durch die Tatsache, dass auf relativ kleinem Raum immerhin drei Dampflokbaureihen Dienst taten, Anfang der 80er-Jahre auch noch die eine oder andere kohlegefeuerte 01.5 und 03 sowie 01.2 Altbau. Wenn auch Landschaft und Streckenführung nicht so spektakulär waren wie weiter südlich, so war die Zahl der eingesetzten Dampfrösser doch noch erheblich und bot dem Fotografen ein tagesfüllendes Programm. Und dass auch im flacheren Land krachender Dampfloksound und himmelhohe Rauchsäulen keine Ausnahme waren, nun, das versteht sich fast von selbst. Demjenigen, der seinen Wohnsitz in den sogenannten grenznahen Kreisen hatte, war es sogar möglich, täglich mal eben hinüberzufahren und eine Nase Dampflokparfüm zu nehmen. So entstanden auch in Sachsen-Anhalt unzählige schöne Bilder, aus denen auszuwählen nicht immer leichtfiel. Ein vollständiges Abbild des Dampfeinsatzes ist hier nicht das Ziel, sondern wie immer in dieser nunmehr sechs Titel zählenden „Zeitreisen"-Reihe die Atmosphäre der Dampflok und das schöne Dampflokbild. In vier Kapiteln ziehen noch einmal die Rauchwolken an uns vorbei und lassen Erinnerungen wach werden an die gute alte Eisenbahn.

28 ● Dg 50413 B (60,3) Nordhausen—**Blankenheim Tr—Güsten Gbf**

● Dg 50417 B (60,3) Sangerhausen—**Blankenheim Tr—Güsten Gbf**

Lok 44, Hg max 60 km/h **Last 1400 Mp, 50417 = 1200 Mp H** Mbr 4

			● 50413		● 50417			
1	2	3	4	5	4	5	4	5
188,1	40	**Blankenheim Tr** ⌒	—	7.51	+18.16	18.52		
	—	187,0 ⌒						
	60							
		Rbd-Gr km 185,4 ▼	—	—	—	—		
	—	185,4 ▼						
	30							
184,6		Bk Hergisdorf Hp §	—	56	—	(59)		
	—	184,0 ⌒						
	60							
181,2		Awanschl Helbra	—	8.02	—	19.05		
		180,10 ⌒						
179,0	—	**Klostermansfeld** ▼	×	04	+19.09	49		
	50							
	—	176,9 ▼						
	40							
	—	176,6 ▼						
	20							
	—	175,8						
	30							
175,7		Bk Thondorf	—	10	—	57		
	—	175,2 ▼						
	20							
	—	174,7 ▼						
	50							
173,2	—	Bk Siersleben Hp ⌒	—	17	—	20.04		
	60							
169,8		Hettstedt	—	20	+20.09	20.31		
165,5		Bk Wiederstedt §	—	25	—	38		
163,5		**Sandersleben (Anh)**	+8.27	52	—	41		
158,7		Bk Wickenhof §	—	(9.03)	—	(48)		
155,3		Bk Heidelberg §	—	08	—	(53)		
150,6								
—		Stellw Go (Glb)	—	15	—	59		
35,1								
33,0		Stellw Gw (über Westseite)	—	—				
	—	**32,4 E u A** ⌒ **(Sig Q³₄-E³)**						
	50							
31,9		**Güsten Gbf**	9.19	—	21.04	—		

Buchfahrplanauszug aus Heft 7b der RBD Magdeburg, Winter 1980/81, Seite 28.

1

Hinauf nach Blankenheim

Im Verlauf der 1865 in Betrieb genommenen Strecke Halle–Sangerhausen, deren Planung auch unter militärischen Gesichtspunkten erfolgte als Teilstück der sogenannten Kanonenbahn von Berlin nach Metz (Frankreich), liegt die Rampe nach Blankenheim, ein Streckenstück mit 11,5 Promille Neigung. Die Züge hatten hier auf einer Länge von elf Kilometern einen Höhenunterschied von 100 Metern zu bewältigen, schwere Züge erforderten daher regelmäßig eine Schublok. So entwickelte sich dieser Ort für die dampflokbegeisterten Fotografen schon bald zu einem Höhepunkt im Dampfgeschehen bei der DR. Ab 720 Tonnen setzte eine Schublok in Sangerhausen an und das mehrmals täglich stattfindende Schauspiel konnte beginnen. Die Schublok war nicht angekuppelt und blieb im Bhf Blankenheim zurück, wechselte auf das Gegengleis und rollte dann wieder hinunter nach Sangerhausen, um dort nicht selten sofort die nächste Schiebeleistung zu übernehmen. Zu Zeiten kohlegefeuerter Maschinen war dieser Heizerdienst, zumal mit schlechter Kohle, ein hartes Stück Arbeit. Wendebahnhöfe waren u.a. Halle, Güsten, Nordhausen und Merseburg. Die zu befördernde Fracht der Sangerhäuser Jumbos der Baureihe 44 waren hauptsächlich Ganzzüge (Gag) mit Kalisalz, Gips, Erz und Zement, die noch bis März 1982 mit diesen ölgefeuerten Maschinen bespannt wurden. Zusammen mit den Nordhäuser 44ern boten sie auf diesem Abschnitt auch ein akustisches Schauspiel erster Klasse. Nach der Abstellung der Öl-Loks aus den bekannten Energie-Gründen kamen sowohl in Nordhausen wie auch in Sangerhausen noch einmal Kohleloks der Reko-Baureihe 52.80 zum Einsatz. Ab Herbst 1981 wurden etliche Loks diesen Bw zugewiesen, die dort bis Mitte 1983 Dienst taten, jedoch für die schweren Züge, insbesondere auf der Rampe nach Blankenheim, wenig geeignet und daher sehr schadanfällig waren. Neben dem harten Speisewasser, das den schlecht instand gesetzten Kesseln zusetzte, waren es aufgrund der hohen Belastung vor allem die Triebwerksschäden, die oft zu Ausfällen bei dieser Baureihe führten. Mit den Personen- und Güterzügen nach Stolberg und Rottleberode im Harz wurde für die 52er ein geeigneteres Einsatzgebiet gefunden.

Hinter dem Blankenheimer Tunnel mit seinen 875 Metern Länge folgt der Trennungsbahnhof Blankenheim, hier geht es weiter Richtung Halle oder Güsten. Doch nicht nur die 44er und die 52er sah diese Strecke, sondern auch die 41er und die 01. So bespannte die 01 1512 neben den 41ern des Bw Güsten, Einsatzstelle Staßfurt, ein halbes Jahr u.a. Personenzüge (P) von Schönebeck nach Sangerhausen (P 3223 und 3226).

Eine 44er, die 1093, wurde offizielle Museumslok und in Sangerhausen von 1983 bis 1992 betreut. Bei Plandampfveranstaltungen und vor zahlreichen Sonderzügen war sie bis ins Jahr 2000 im Einsatz.

Seit 1994 ist die Strecke durchgehend elektrifiziert, doch nach wie vor dient sie im Wesentlichen dem Güterverkehr auf einer der wichtigsten Ost-West-Verbindungen in Deutschland.

52 8022-7

Oben: 01 1512 des Bw Güsten, Einsatzstelle Staßfurt, hat Sangerhausen mit dem P 3226 verlassen und erreicht in knapp dreistündiger Fahrt Schönebeck-Salzelmen, hier am Block Steinberg (29. August 1982).

Links oben: 52 8022 diente lediglich ein halbes Jahr lang in Sangerhausen bis zu ihrer Abstellung im August 1982. Mit dem Erzpendel Niederröblingen–Helbra verlässt sie ihr Heimat-Bw Richtung Blankenheimer Rampe (27. März 1982).

Links unten: An gleicher Stelle begegnet uns 44 0193 mit einem Durchgangsgüterzug (Dg) am 28. September 1980.

Nächste Doppelseite: Rampen-Perspektiven

Links oben: 52 8014 am Block Steinberg (29. August 1982).

Links unten: 44 0338 mit einem Erzzug hat Riestedt bald erreicht (6. September 1981).

Rechts oben: 44 0890 und 0040 als Schublok befördern den Gipszug Dg 56405 am 1. August 1981 zwischen dem Block Steinberg und Riestedt.

Rechts unten: Hier sind es 44 0858 und eine Schwesterlok, die sich an gleicher Stelle mit dem „Gipser" Dg 56405 mühen (9. August 1981).

528014-4

440858-9

Oben: Bei herrlichem Winterwetter kämpft 52 8014 vor Gag 57413 nach Helbra mit der Steigung vor Riestedt (15. Januar 1982).

Rechts oben: 44 0251 vor Dg bei Riestedt (26. April 1981).

Rechts unten: 44 0286 mit dem nächsten Zug des Tages an gleicher Stelle, wohl aus besonderem Anlass mit Fahnenschmuck (26. April 1981).

Nächste Doppelseite: Vielfalt auf der Rampe

Links oben: 52 8178 kehrt vom Schubdienst aus Blankenheim zurück, Riestedt, 15. Januar 1982.

Links unten: 52 8081 hat Schubdienst am „Gipser“ Dg 56405, Block Steinberg, 15. Januar 1982.

Rechts oben: 41 1132 mit dem P 3226 am Haken hat Sangerhausen verlassen, nächster Halt Riestedt. Rechts ist eine der charakteristischen Abraumhalden der Montanindustrie dieser Gegend zu sehen (28. Juli 1985).

Rechts unten: Auch das kam in Ausnahmefällen vor: nicht Schubunterstützung, sondern Vorspann, so geschehen am 13. April 1979 mit 44 0789 bei Riestedt.

44 0251-7

44 0286-3

44 0789-6

44 0687-2

44 0278-0

Oben: 44 0858 durchfährt mit dem Dg 56405 den Bahnhof Blankenheim, wenige Sekunden später folgt die Einfahrt in den gleichnamigen Tunnel (26. April 1981).

Rechts: Auf der anderen Seite verlässt 44 0570 den Trennungsbahnhof Blankenheim und macht sich auf den Weg in den 875 Meter langen Tunnel, in dem auch der Scheitelpunkt der Strecke liegt (Juni 1981).

Vorherige Doppelseite:

Links oben: 44 0623 kurz vor dem Riestedter Einfahrsignal im April 1981.

Links unten: Am selben Tag im April 1981 rollt 44 0687 bei Riestedt hinab nach Sangerhausen.

Rechts: 44 0278 glänzt am tunnelseitigen Stellwerk in Blankenheim in der Abendsonne (April 1981).

44 0570-0

Oben: 44 0177 (Bw Nordhausen) hat Blankenheim mit Sangerhäuser Schubunterstützung erreicht (März 1980).

Rechts oben und unten: 44 0389 durcheilt mit ihrer Fuhre am frühen Morgen den Trennungsbahnhof Blankenheim (April 1981).

Nächste Doppelseite:

Links oben: 44 0890 passiert auf dem Weg nach Sangerhausen bei Wolferode einen Gleisbautrupp (28. Mai 1980).

Links unten: 44 0194 (ex 44 1195) umkurvt im Juni 1981 die Bockwindmühle in Erdeborn bei Röblingen am See.

Rechts oben: 52 8022 muss nach einem Halt in Bennungen ihren Zug nach Sangerhausen wieder in Schwung bringen. Am Zugende fährt die Staßfurter 41 1062 mit, die als Leistung zwischen ihren Personenzügen nach Roßla fuhr (27. Mai 1982).

Rechts unten: Der „Gipser“ bei Bennungen mit 44 0486. Die Maschine wurde Ende 1982 auf Kohlefeuerung umgebaut und diente bis September 2019 als betriebsfähige Museumslok, heute ist sie Eigentum des Traditions-Bw Staßfurt (6. Mai 1980).

44 0194-9

52 8022-7

70
9

Stolberg
Hasselfelde
Harzgerode

52 8148-0

10

Oben: 52 8014 mit dem Erzpendel Gag 57413 nach Helbra in Oberröblingen (17. Januar 1982).

Links oben: 52 8148 beim Rangiergeschäft in Rottleberode. Die Lok war nach der Wende etliche Jahre im Westen im Museumseinsatz, wie auch zahlreiche ihrer Schwestern, und wird zurzeit wieder aufgearbeitet (März 1982).

Links unten: 52 8030 war 1983 nur knapp zwei Monate in Sangerhausen beheimatet, bevor sie wieder nach Angermünde ging. Hier erreicht sie mit dem P 18512 nach Stolberg/Harz den Bahnhof Rottleberode, wo schon 52 8148 mit dem N 61407 auf Ausfahrt wartet (April 1983).

Vorherige Doppelseite:

Links oben: 52 8148 (Bw Sangerhausen) hat heute wenig Last mit ihrem Nahgüterzug (N) nach Rottleberode. In trister Landschaft rollt die Fuhre gen Berga-Kelbra (März 1982).

Links unten: Beim Passieren des Haltepunktes Uftrungen hat sie lediglich einen Wagen getauscht.

Rechts oben: 52 8003 ist mit dem P 18510 bei Uftrungen auf dem Weg nach Stolberg (18. Januar 1983).

Rechts unten: Rottleberode ist erreicht und das Rangieren des neuen Zuges nach Sangerhausen kann beginnen (März 1982).

52 8014 mit Gag 57413 zwischen Oberröblingen und Sangerhausen am 17. Januar 1982.

52 8148 mit Nahgüterzug hat Rottleberode bald erreicht (15. Januar 1982).

52 8148 mit P 18508 nach Stolberg in Rottleberode (1. Mai 1983).

52 8148 mit P 18508 in Stolberg (22. Mai 1983).

52 8069 rauscht mit N 61422 durch Wolkramshausen (20. Januar 1983).

52 8054 und eine weitere Schwestermaschine am Kali-Schacht „Glückauf" in Sondershausen (August 1982).

2

Rund um Halberstadt

In der Reichsbahndirektion (RBD) Magdeburg setzte das Bw Halberstadt Mitte der 80er-Jahre die meisten Dampfloks ein. Noch im Sommer 1987, also gut ein Jahr vor Dampfende, waren dort acht Dampfloks betriebsbereit. Eingesetzt wurden ausschließlich die Reko-50er, Baureihe 50.35. Mit den Einsatzstellen Blankenburg und Oschersleben versorgte das Bw fast das ganze nördliche Harzvorland, soweit es den Dampflokeinsatz betraf.

Die Anfänge des Bw Halberstadt gehen auf das Jahr 1843 zurück, als die Magdeburg-Halberstädter Eisenbahn-Gesellschaft dort eine Remise errichtete. Im goldenen Zeitalter des Eisenbahnbaus reichten die Anlagen aber schon bald nicht mehr aus, sodass schließlich eine Hauptwerkstätte entstand, aus der später das Reichsbahnausbesserungswerk (RAW) hervorging. Auch der Kopfbahnhof wurde wegen weiterer Streckeneröffnungen zu einem Durchgangsbahnhof umgestaltet. Der Zweite Weltkrieg zerstörte die Anlagen fast vollständig, die mit drei Ringlokschuppen erhebliche Ausmaße angenommen hatten. Erst 1959 war der Wiederaufbau des Betriebswerkes beendet. Bis 1988 setzte das Bw als eines der letzten bei der DR Dampfloks ein, und sogar der letzte dampfgeführte D-Zug der DR (D 2049) wurde von Halberstädter Maschinen befördert. Auch zwei Schnellzugmaschinen hatte Halberstadt im Bestand, die Altbau 01 2137 von 1978 bis 1981 und die kohlegefeuerte Reko 01 1511 von Magdeburg für gut sieben Monate im Jahr 1982. Überall im Land wurden wieder Dampfloks angeheizt, um Dieselkraftstoff einzusparen, der von der Sowjetunion nur noch stark reduziert geliefert wurde. Diese Energiekrise führte bekanntlich zur Reaktivierung vieler Dampfloks ab 1982. Im Jahr 1984 konnte das Bw einen Rekord aufweisen, mit 16 Maschinen setzte es die meisten Dampfloks bei der Reichsbahn ein. Dem Bw Halberstadt waren die Einsatzstellen Oschersleben und Blankenburg angeschlossen. In Blankenburg waren regelmäßig eine bis zwei Maschinen im Einsatz, in Oschersleben meistens drei. Die Blankenburger Maschinen versahen ihren Dienst auf der Strecke nach Halberstadt und nach Thale-Bodetal, das Endpunkt einer Strecke der ehemaligen Blankenburg-Halberstädter Eisenbahn war. Bis 1973 führte die Strecke sogar weiter bis Quedlinburg, fast parallel zur Verbindung Halberstadt–Thale.

Das Heimat-Bw selbst setzte seine 50er auf allen von dort ausgehenden Strecken ein, nach Ilsenburg, Magdeburg, Blankenburg, Thale und Aschersleben sowie zwischen Quedlinburg und Frose. Neben den zahlreichen Güterzügen bespannte das Bw aber auch etliche Personenzüge, unter denen die Beförderung des D 649 und 2049 sowie der P 19408 und 19413, die als Zubringerzüge für D-Züge nach Stralsund bzw. Berlin mit grün-beigen Schnellverkehrswagen verkehrten, hervorstachen. Als Güterzug erlangte der Gag 56776 von Magdeburg nach Blankenburg einige Berühmtheit, wurde er doch bei entsprechender Last ab Groß Quenstedt von zwei Maschinen befördert.

50 3565-4

01 2137-6

Oben: 50 3662, die vorletzte planmäßig eingesetzte Dampflok bei der DR und letzte des Bw Halberstadt, ist gerade mit P 15434 aus Dedeleben im Heimatort eingetroffen (7. März 1988).

Links oben: 50 3565 der Einsatzstelle Blankenburg dreht im Stamm-Bw Halberstadt. Die Blankenburger Maschinen zeichneten sich lange durch einen guten Pflegezustand aus (1. August 1978).

Links unten: 01 2137 wartet am Leerreisezug Dstp 14640 zum D 2049 Thale–Berlin auf die Abfahrt in Halberstadt. Die Maschine stammte aus Dresden und war von Mai 1978 bis Januar 1981 in Halberstadt beheimatet. Danach ging sie nach Saalfeld. Ab 1980 gehörte sie zum Traditionslokpark der DR (14. August 1980).

Nächste Doppelseite:

Links oben: 50 3552 hat Halberstadt aus Richtung Magdeburg erreicht und fährt in den Güterbahnhof ein (März 1982).

Links unten: 01 1511 passiert den Block Wehrstedt mit dem P 8435 Thale–Magdeburg. Die Kirchenkulisse Halberstadts zeigt folgende Bauten von links nach rechts: Martinikirche (unterschiedliche Turmhöhen), Dom, Liebfrauenkirche (27. August 1982).

Rechts oben: 50 3552 hatte in Groß Quenstedt eine Kreuzung abzuwarten und beschleunigt nun wieder zur letzten Etappe nach Halberstadt (März 1982).

Rechts unten: 50 3606 fährt im Rahmen einer Plandampfaktion mit dem P 15425 nach Dedeleben in Nienhagen ein (24. Mai 1992).

50 3562-2

01 1511-3

H
50 3606-6
NIENHAGEN

50 3556-3

Heudeber-Danstedt

Oben: Diesem Zug mit 50 3556 sind wir auf der letzten Doppelseite schon begegnet. Hier wird er nach erfolgreicher Verfolgung ein letztes Mal abgelichtet, im Hintergrund das Wernigeröder Schloss, dann drehen wir ab (März 1982).

Rechts oben: Begeben wir uns nun an die Strecke von Halberstadt nach Aschersleben. Vor Wegeleben liegt die Blockstelle Goldbach. Die Dame auf dem Stellwerk war dem fotografischen Treiben zu ihren Füßen durchaus aufgeschlossen und eignete sich natürlich auch als ansprechendes Fotomotiv zwischen den Zügen (25. Mai 1986).

Rechts unten: 50 3629 rattert ohne Halt durch Wegeleben. Der damals im Bild stehende Freund ist heute eine melancholisch-freudige Erinnerung, so ändern sich die Dinge (4. Juli 1978).

Vorherige Doppelseite:

Links: Seit der Abfahrt des Zuges in Ströbeck, am Horizont hinter der Kurve, bahnte sich ein Schauspiel an, das wir hier so nicht erwartet hatten. Mit vielleicht gerade mal 15 bis 20 km/h kriecht 50 3556 mit ihrer Wagenschlange und allem, was die Dampflok zu bieten hat, an uns vorbei. Wir waren erheblich beeindruckt und freuten uns wie Bolle unseres Fotografenglücks (März 1982).

Rechts oben: Nach einer kurzen Schockphase schwangen wir uns aber doch hurtig wieder ins Auto und erlegten den schnaufenden Drachen noch einmal bei Minsleben.

Rechts unten: Am nächsten Tag war dann das schmucke Stellwerk in Heudeber-Danstedt dran, an dem 50 3579 Richtung Wernigerode vorbeizieht.

BLOCKSTELLE
GOLDBACH

H

50 3552-2

BLOCK
STELLE
RODERSDORF

Oben: Güsten war Auslauf-Bw für die Baureihe 03.2. Zwischen 1977 und 1980 kamen hier mehrere Maschinen wechselweise zum Einsatz. 03 2098 legt mit dem P 9536 Bernburg–Halberstadt einen Halt in Nachterstedt-Hoym ein (3. August 1978).

Links oben: 50 3512 mit P 3489 hat in Nachterstedt-Hoym Ausfahrt nach Aschersleben erhalten (4. August 1978).

Links unten: 50 3520 startet voluminös in die gleiche Richtung (3. Oktober 1984).

Vorherige Doppelseite:

Links oben: Im Bahnhof Wegeleben hat 50 3556 gerade zwei Flügel Richtung Halberstadt bekommen, und der Lokführer gibt ihr die Sporen. Der Herr am Zaun hatte zu tief ins Glas geschaut und musste an die frische Luft, die Dampflok war uninteressant, weil Alltag (17. Juni 1986).

Links unten: 50 3552 hat mit P 5436 Frose–Hal wurde 1858 Wilhelm Schmidt geboren, der Erfinder des Dampflok-Überhitzers. Dieses Kesselelement prägte die Entwicklung moderner Dampfloks weltweit (17. Mai 1985).

Rechts oben: 50 3512 hat soeben mit einem Nahgüterzug nach Aschersleben Wegeleben verlassen (31. Mai 1980).

Rechts unten: Ein Stück weiter hat 50 3570 die Blockstelle Rodersdorf erreicht (31. Mai 1980).

B1
C

B1

Oben: 41 1159 (Staßfurt) mit Lgo 59732 Köthen–Nachterstedt-Hoym, einem Leerzug aus offenen Güterwagen für den dortigen Braunkohletagebau, wird in Frose von der Blankenburger 50 3520 (Dg 55726 Aschersleben–Halberstadt) überholt (29. August 1984).

Links oben: Der gleiche Zug (41 1159) bei der Einfahrt nach Frose.

Links unten: 50 3618 fährt mit dem P 3489 Halberstadt–Halle aus dem Bahnhof Frose aus (29. August 1984).

Nächste Doppelseite: Von Wegeleben nach Thale

Links oben: Die Museumslok 50 3708 verlässt den Bahnhof Ditfurt mit P 19408 nach Thale während einer Plandampfaktion (24. Mai 1992).

Links unten: 50 3662 mit dem N 66794 kreuzt in Ditfurt einen Gegenzug mit dem „U-Boot" 119 189 (25. August 1987).

Rechts oben: 50 3559 mit dem P 19413 (ab Halberstadt D 647 Thale–Stralsund) ist nach Halberstadt bei Neinstedt unterwegs (25. Mai 1986).

Rechts unten: 65 1049 startet in Quedlinburg durch zur Weiterfahrt nach Gernrode – im Zuge einer großen Plandampfaktion im Harzvorland mit insgesamt acht Dampflokomotiven (22. Mai 1992).

Ditfurt
50 3708-0

119 189-9

50 3556-3

No
NEINSTEDT

50 3557-1

50 3662-9

Oben: Von hoher Warte aus fällt der Blick auf 50 3520 mit ihrer Übergabe von Blankenburg nach Thale (bei Timmenrode, 22. August 1984).

Links oben und unten: 50 3662 hat in Thale gedreht und setzt sich vor ihren Zug zurück nach Halberstadt. Noch zwei Monate und der Dampfbetrieb beim Bw Halberstadt ist zu Ende. Die letzte Lok, 50 3662, befördert im letzten Plan immer noch u.a. den P 19413 nach Halberstadt (25. Februar 1988).

Vorherige Doppelseite:

Links oben: 50 3662 verlässt Neinstedt mit dem P 19413, der Zuführung zum D 647 von Halberstadt nach Stralsund (Februar 1986).

Links unten: 50 3557 hat den Leerreisezug zwischen Neinstedt und Thale am Haken (März 1982).

Rechts oben: Der Anfang der 90er-Jahre war die Zeit der Sonderzüge und Plandampfaktionen. Hier führt 01 1519 einen planmäßigen Personenzug bei Neinstedt. Im Hintergrund ein Teil der sogenannten Teufelsmauer, ein teilweise bizarres Sandsteingebilde auf einer Länge von 20 Kilometern von Ballenstedt bis Blankenburg (26. Februar 1991).

Rechts unten: 01 2137 fährt mit dem Leerreisezug zum D 2049 nach Thale ein (14. August 1980). Thale mit dem berühmten Hexentanzplatz, der Roßtrappe und dem wildromantischen Bodetal ist für jeden Harzbesucher ein Muss.

Oben: 44 0093 (ex 44 1093), nun wieder auf Ölhauptfeuerung umgebaut, nimmt schwungvoll die kurze Steigung zwischen Quedlinburg und Quarmbeck. Zum Einsatz kam die Maschine im Rahmen des Bahnhofsfestes in Gernrode anlässlich des Jubiläums „100 Jahre Harzquerbahn" (3. Januar 1999).

Rechts oben: 50 3629 passiert den Bahnübergang am Haltepunkt Quarmbeck (Februar 1982).

Rechts unten: Im Sommer kommt an gleicher Stelle 50 3557 mit dem N 66783 daher (29. Mai 1982).

Nächste Doppelseite:

Links oben: Kurz vor Gernrode muss sich 50 3512 noch einmal ins Zeug legen, zum einen wegen der Steigung, zum anderen aber auch wegen des nachfolgenden Güterzuges, der bereits an der Einfahrt von Bad Suderode steht (März 1982).

Links unten: Schließlich stehen sie in Gernrode beieinander, links 50 3570, rechts 50 3512, Hochbetrieb im kleinen Bahnhof (März 1982).

Rechts oben: Am selben Tag hat 50 3570 auch einen Arbeitszug von Halberstadt nach Blankenburg zu befördern, hier kurz hinter Langenstein (März 1982).

Rechts unten: Eine sogenannte Starleistung war der Gag 56776, ein Kokszug von Magdeburg nach Blankenburg, der bei hoher Last von zwei Maschinen befördert wurde. 50 3708 leistet Vorspann, hier bei Börnecke (März 1982).

50 3628-8

50 3557-1

50 3512-6

50 3570-4

50 3708-0

Die Blankenburger 50 3632 schafft den Koksbomber an diesem Tag alleine, Langenstein am 20. Februar 1984.

3

Dampfwolken über Börde und Altmark

Nördlich des Harzes erstreckt sich die Magdeburger Börde, eine leicht gewellte, waldarme Landschaft mit fruchtbaren Ackerböden. Weiter nach Norden schließt sich die Altmark an, die mit ihrem teilweise heideähnlichen Charakter Teil des norddeutschen Tieflandes ist. Kulturgeschichtlich ist sie von besonderer Bedeutung für die Entstehung des preußischen Staates, der aus der Mark Brandenburg hervorging. Die ehemaligen Hansestädte Salzwedel, Stendal und Gardelegen sind die bedeutendsten Ortschaften.

In diesem Kapitel stehen die Einsätze der Betriebswerke Magdeburg, Oebisfelde, Haldensleben, Stendal und Salzwedel sowie der Einsatzstelle Oschersleben im Fokus. Das Bw Oebisfelde bediente mit Maschinen der Baureihen 41 und 50 die Strecken nach Magdeburg, Stendal und Salzwedel. Das kleine Bw Haldensleben beheimatete lange Jahre die Baureihe 52, und erst im Frühjahr 1988 endete dort der Dampflokeinsatz. Der Versuch dampflokgeneigter Eisenbahner des Bw Magdeburg, mit 01 1512 einen D-Zug nach Berlin zu bespannen, scheiterte schnell am schlechten Zustand der Maschine. Es gab im Übrigen auch an anderen Orten Lokleiter, die gerne auf die Dampflok setzten und sich bietende Gelegenheiten nutzten, um die vorhandenen Maschinen, Einzelstücke oder Heizloks, auf die Strecke zu bringen.

Die Maschinen des Bw Salzwedel beförderten ihre Personen- und Güterzüge auf den Strecken nach Oebisfelde, Stendal und Wittenberge. Sogar das D-Zugpaar 931/936 auf dem Stück von und nach Stendal stand auf dem Plan. Nach einem gescheiterten Fluchtversuch Oebisfelder Eisenbahner im Sommer 1983 durften nur noch Loks mit abschließbaren Führerständen in den Grenzbahnhof Oebisfelde einfahren. Deshalb wurden einige Loks der Reihe 52.80 nach Salzwedel umgesetzt, bei denen das möglich war. Im September 1987 schließlich war es aus mit der Dampferei im Bw Salzwedel.

Machen wir noch einen Sprung nach Süden, zur Einsatzstelle Oschersleben (Bw Halberstadt) am Rande der Börde. Die dort eingesetzten 50er versahen ihren Dienst auf den Strecken Richtung Magdeburg und Nienhagen. Neben Übergaben nach Altenweddingen kamen die Maschinen auch auf der Stichstrecke nach Gunsleben zum Einsatz. Diese Strecke verdient besondere Erwähnung, denn sie war bis 1945 Teil einer Hauptstrecke, nämlich der Relation Berlin–Hannover. Nach 1945 wurde das zweite Gleis demontiert und die Strecke zur Nebenbahn herabgestuft. Relikte dieser Hauptbahnzeit waren noch Ende der 80er-Jahre auszumachen, mal mehr, mal weniger deutlich. Am 20. Oktober 1988 verkehrte hier der letzte dampfgeführte Zug, und neun Tage später schließlich der letzte reguläre Dampfzug der Deutschen Reichsbahn der DDR.

Nicht unerwähnt bleiben soll auch das kleine Bw Jerichow, das die letzten vier Exemplare der Baureihe 24 bis 1968 auf dem ehemaligen Genthiner Kleinbahnnetz einsetzte.

41 1144-9

41 1186-2

Wegenstedt
B2
B2

Flechtingen

41 1144-9

Oben: Der Schotterzug Dg 53704 nach Oebisfelde mit 41 1180 rattert bei Lemsell an der dortigen Wasserversorgung des Schrankenpostens vorbei (April 1981).

Links oben: In der anderen Blickrichtung räuchert 50 3688 (Bw Oebisfelde) gen Magdeburg (April 1981).

Links unten: Mit dem gleichen Zug ist hier 41 1144 bei Haldensleben unterwegs und hat gerade den Mittellandkanal überquert. Im Vordergrund das Gleis nach Weferlingen (7. August 1982).

Vorherige Doppelseite:

Links oben: Bei Etingen ist der Zug (siehe auch Bild links) nach zügiger Fahrt der Fotografen wieder erreicht. 41 1144 ist heute bei der IGE Werrabahn Eisenach im Einsatz und hat dort oft bei den legendären Plandampfaktionen mitgemischt.

Links unten: Einmal umgedreht bietet sich dieser Blick in den Etinger Einschnitt. Die Starleistung des Bw Oebisfelde, der Interzonenzug D 447, zwischen Oebisfelde und Magdeburg mit Dampf bespannt, wurde im Sommerfahrplan 1982 mit der Baureihe 41 gefahren, hier 41 1185 (7. August 1982).

Rechts oben: 41 1303, eine von Neubrandenburg nach Oebisfelde umgesetzte Maschine, durchfährt den Bahnhof Wegenstedt (Mai 1980).

Rechts unten: 52 8180 rangiert in Flechtingen (Mai 1980).

H

Oben: Im Abendlicht rollt 52 8076 durch den Bahnhof Ivenrode nach Weferlingen (April 1981).

Links oben: Die Fußgängerbrücke zum Bahnsteig nach Weferlingen war in Haldensleben ein beliebter Fotostandpunkt. 41 1185 mit P 6454 passiert den belebten Bahnübergang, der durch die Rangiergeschäfte oft geschlossen war (29. August 1979).

Links unten: Aus Richtung Oebisfelde kommt 50 3690 nach Haldensleben herein (März 1982).

Nächste Doppelseite:

Links oben: Mit dem P 17468 ist hier 52 8184 zwischen Altenhausen und Ivenrode unterwegs nach Weferlingen (27. April 1987).

Links unten: Bei einer Plandampfaktion verlässt 50 3708 mit dem N 63717 Weferlingen, im Hintergrund die ehemalige Zuckerfabrik (10. Mai 1991).

Rechts oben: 41 1148 rauscht am Haltepunkt Valdorf, der auch als Blockstelle diente, vorbei Richtung Haldensleben (September 1982).

Rechts unten: 41 1137 in Valdorf auf dem Weg nach Magdeburg (März 1982).

Oben: 41 1055 durchfährt den Bahnhof Groß Ammensleben (September 1982).

Rechts: 52 8147 (Bw Haldensleben) überquert den Mittellandkanal bei Valdorf (Mai 1980).

Nächste Doppelseite:

Links oben: 41 1144 donnert mit dem D 447 (Köln–Leipzig) durch Meitzendorf, vorbei an 41 1055 vor N 53745 (September 1982). Die Schranken waren bereits geschlossen, der Fotostandpunkt eingenommen, als ein zweirädriger Volkspolizist heranknatterte und uns barsch das Fotografieren verbieten wollte. Doch wir wussten besser Bescheid, kannten die seit 1973 geltenden einschlägigen Bestimmungen, und im Dröhnen des vorbeirauschenden Zuges machte er sich schließlich davon, nicht ohne noch ein paar hässliche Drohungen auszustoßen.

Links unten:

41 1273 hat soeben auf dem Weg nach Magdeburg Meitzendorf verlassen (3. August 1978).

Rechts oben: 1982 bespannte das Bw Halberstadt etwa ein halbes Jahr lang einige Personenzüge mit der 01 1511. In Magdeburg Hbf wartet sie auf die Rückfahrt nach Thale (September 1982).

Rechts unten: In Magdeburg Hbf präsentieren sich im August 1972 zwei hochrädrige Renner der DR, die Neubaulok 35 1022 (Bw Halberstadt) und die rekonstruierte 03 2180 (Bw Oebisfelde).

528147-2

41 273-6

01 1511-3

35 1022-9
03 2180-2

W1

Oben: Oschersleben war die letzte Einsatzstelle für Dampflokomotiven bei der DR. 50 3631 wartet dort auf den nächsten Einsatz (9. Mai 1986).

Rechts: Am frühen Morgen harren 50 3606 und 3559 in der Einsatzstelle der Dinge, die da kommen (7. März 1988).

Vorherige Doppelseite:

Links oben: 50 3562 dampft am Bw Magdeburg-Rothensee vorbei (19. April 1975).

Links unten: Im Rahmen des Plandampfes „Viva Magistrale" fährt 52 8087 bei Gerwisch in den Abend (20. Oktober 1991).

Rechts oben: 52 8147, letzte Planlok des Bw Haldensleben, fährt um 9.15 Uhr mit Dg 53743 aus Haldensleben aus nach Magdeburg-Buckau (20. Mai 1986).

Rechts unten: Noch einmal „Viva Magistrale" mit 41 1185 bei Gerwisch am Abend des 20. Oktober 1991. Diese Veranstaltung bot fünf Dampfloks, 01 1531, 03 1010, 41 1185, 41 1231 und 52 8087, auf der Strecke von Berlin nach Magdeburg vor Schnell-, Nahverkehrs- und Güterzügen. Auch der Militärschnellzug D 1195 der GSSD von Magdeburg nach Brest zwischen Magdeburg und Brandenburg wurde von 41 1185 gefahren. Wie der Name schon sagt, werden Planzüge gefahren, sodass den Dampfern hier einiges abverlangt wurde, die Pläne waren einzuhalten.

50 3606-6

01 1519-6
Oschersleben/
36
2

Schwanebeck
50 3606-6

Oben: 50 3552 ist bei Krottorf auf dem Weg nach Halberstadt (März 1982).

Links oben: Der gleiche Zug vernebelt bei Langenweddingen die Bördelandschaft.

Links unten: 41 1185 verlässt den Bahnhof Hadmersleben bei der großen Plandampfaktion rund um Halberstadt (24. Mai 1992).

Vorherige Doppelseite:

Links oben: 50 3606 verlässt Oschersleben Lz in Richtung Nienhagen (Mai 1988).

Links unten: Im Bahnhof Oschersleben wartet 50 3559 am P 18488 auf die Abfahrt nach Gunsleben (Mai 1988).

Rechts oben: Die frisch aufgearbeitete 01 1519 verlässt Oschersleben mit P 8451 nach Magdeburg, Plandampf am 27. Februar 1991.

Rechts unten: Mit dem N 64784 ist 50 3606 im Bahnhof Schwanebeck angekommen, nun wird rangiert (29. April 1987).

NEUWEGERSLEBEN
50 3559-7

50 3559-7

Oben: Zur Abfahrt nach Oschersleben steht 50 3606 in Gunsleben bereit (9. April 1988).

Links oben: 50 3559 ist mit dem GmP 68728 in Neuwegersleben angekommen. Nun müssen die Fahrgäste Geduld haben, denn es sind Güterwagen in den Anschluss der Kistenfabrik zu rangieren, ehe es nach Gunsleben weitergeht (Juni 1988).

Links unten: Ankunft in Gunsleben, Endstation. Durch die deutsche Teilung war hier im doppelten Sinne Endstation. Die ehemalige Hauptbahn wurde zur Nebenbahn. Das abseitsstehende Signal und das recht große Stellwerk zeugten noch von der einstigen Bedeutung dieser zweigleisigen Strecke (Juni 1988).

Nächste Doppelseite: Blumenberger Ansichten

Links oben: 50 3662 fährt in Blumenberg mit einem Güterzug aus Magdeburg ein. Der freundliche Stellwerker ermöglichte eine erhöhte Position (Mai 1988).

Links unten: Der Bahnhof Blumenberg hatte noch jede Menge alter Infrastruktur zu bieten, z.B. diesen historischen Zugzielanzeiger. Hinten pausiert 50 3606 (16. August 1988).

Rechts oben: Nach dem Rangiergeschäft in Blumenberg startet 50 3662 gen Süden nach Nienhagen (Juni 1988).

Rechts unten: Stillleben mit 50 3559 während einer kurzen Rangierpause (Mai 1988).

Bahnsteig 5

Bahnhofsbüro
Bahntelegraph
Fahrkarten, Gepäck,
Eilgut-u. Güterabfertigung

BLUMENBERG

651049

651049
REMKERSLEBEN

Oben: Werfen wir noch einen kurzen Blick über die deutsch-deutsche Grenze nach Helmstedt. 03 2117 vom Bw Berlin-Ostbahnhof hat das Ziel mit dem D 110 (Warschau–Köln) erreicht (23. Oktober 1971).

Links oben: An dieser Strecke (Magdeburg–Helmstedt) liegt auch Eilsleben, Einsatzstelle des Bw Magdeburg. Traditionslok 65 1049 verlässt den Bahnhof mit einem Sonderzug in Richtung Blumenberg (1. September 1984).

Links unten: Wenig später legt der Zug eine Pause in Remkersleben ein.

Vorherige Doppelseite:

Links: Stillleben im Bahnhof Blumenberg, alte Eisenbahn, stolze Frau, vergangene Eisenbahnidylle, wehmütige Erinnerung … (Mai 1988).

Rechts oben: 50 3606 und eine ihrer letzten beiden Schwestern rangieren, noch gut zwei Monate und die ganze Herrlichkeit ist Geschichte (16. August 1988).

Rechts unten: 50 3559 ist mit der Übergabe von Blumenberg nach Altenweddingen auf halbem Wege, der Fotograf auf halbem Baum (Juni 1988).

Oben: 41 1289 hatte mit ihrem Dg 53760 Kreuzung mit Dg 53730. Nun bringt sie ihren Zug Magdeburg–Stendal wieder in Fahrt, im Winter immer ein beeindruckendes Wolkenerlebnis (19. Januar 1983.)

Links oben: 52 8150 hat Erxleben-Uhrsleben mit dem N 61701 verlassen, um weiter Richtung Haldensleben Fracht zu verteilen und neue aufzunehmen. Das Bild entstand am 12. April 1986, nicht etwa im Januar.

Links unten: An der Überführung der ehemaligen Strecke Gardelegen–Haldensleben kommt 41 1033 mit dem N 62731 nach Stendal angedampft. Bereits 1951 wurde der Abschnitt Haldensleben–Letzlingen stillgelegt. Der verbleibende Abschnitt Gardelegen–Letzlingen ist heute ein Anschluss der Bundeswehr (10. März 1984).

Nächste Doppelseite:

Links oben: 41 1231 rollt mit P 9409 an den Bahnsteig in Möhringen nahe Stendal. Es ist 5.19 Uhr, und der Zug ist schon eine Stunde unterwegs. Zwei Reisende mit Fotoapparat stehen mit taunassem Zelt unter dem Arm im Gang, müde Gesichter auf den Plätzen schauen wenig erstaunt (3. August 1978).

Links unten: 41 1303 steht am P 9404 in Stendal (10. März 1980).

Rechts: P 9409 ist in Stendal angekommen, die Sonne endgültig aufgegangen, zwei junge Dampflokfans sind inzwischen hellwach, Dampflokatmosphäre pur, ein Traum morgens um 5.26 Uhr (3. August 1978).

41 1231-4
H

41 1303-1

Bismark (Altm)
64 007

F
52 8018-5

41 1055-7

Jävenitz
JÄVENITZ
Jävenitz
131
3

Abzweig Jeetze

Oben: Kreuzung des P 6451 (50 3690, Bw Oebisfelde) mit dem Gegenzug P 6450 (41 1079) in Kusey auf der Strecke Oebisfelde–Salzwedel (13. Februar 1982).

Links oben und unten: Am Abzweig Jeetze südlich von Salzwedel überquert 91 134 mit P 6852 nach Dähre die Strecke Salzwedel–Oebisfelde, 10. April 1994. Eine Plandampfaktion rund um Salzwedel ermöglichte nochmals Dampfbetrieb auf der Nebenstrecke Salzwedel–Dähre, die ursprünglich als 1000-mm-Schmalspurbahn errichtet und 1927 auf Normalspur umgerüstet wurde. Die Strecke nach Dähre wurde ein knappes Jahr später stillgelegt. Unten der schöne Zug in Salzwedel am gleichen Tag.

Vorherige Doppelseite:

Links oben: Die Traditionslok 64 007 fährt mit einem DMV-Sonderzug in den Bahnhof Bismark an der Strecke Hohenwulsch–Kalbe ein. Die Fahrt führte über die Altmärkischen Kleinbahnen von Stendal über Kalbe, Beetzendorf, Klötze und Salzwedel wieder zurück nach Stendal (26. Mai 1984).

Links unten: 52 8108 rattert mit Dg 50825 (Wittenberge–Oebisfelde) durch den Haltepunkt Kuhfelde (20. April 1984).

Rechts oben: Im Bahnhof Letzlingen macht sich 41 1055 auf, den Anschluss des Sägewerkes zu bedienen (14. Mai 1982).

Rechts unten: 41 1079 durchfährt mit dem N 62731 am Haken den gut beschilderten Bahnhof Jävenitz (10. Juli 1983).

Oben: 52 8018 hat mit dem P 17323 (Salzwedel–Wittenberge) bei Geestgottberg das Ziel fast erreicht (21. April 1984).

Links oben: 50 3681 (Bw Salzwedel) zieht den Güterzug N 60757 nach Wittenberge durch den einsamen Landbahnhof Groß Garz (22. April 1984).

Links unten: 52 8164 (Bw Salzwedel) passiert mit dem P 17323 Salzwedel–Wittenberge die Bockwindmühle in Arendsee (2. August 1985).

Nächste Seite:

Oben: 01 0521 mit einem D-Zug in ihrer Heimat Wittenberge. Das Bw gehörte zu den drei großen Einsatzstellen für die Baureihe 01.5 bei der DR. Sie beförderten u.a. D-Züge nach Berlin, Hamburg und Rostock (20. August 1974).

Unten: Das kleine Bw Jerichow gelangte durch den Einsatz der letzten Exemplare der Baureihe 24 zu einiger Bekanntheit. Das Bw ging aus der Hauptwerkstatt der ehemaligen Genthiner Kleinbahn AG hervor. Das Bild zeigt 64 454, die letzte 64er hier, und 24 021, die als eine der letzten vier 24er 1957 nach Jerichow kam. Zu ihnen gehörte auch 24 009, die bekannte Museumslok, die noch bis 1972 im Dienst stand und im gleichen Jahr in den Westen auswanderte (Juli 1967).

64 454
24 021

4

Zwischen Harz und Elbe

Wenden wir uns bei dieser Bilderreise abschließend dem östlichen Landesteil Sachsen-Anhalts zu. Am Harzrand findet sich neben dem Bw Güsten auch die Mansfelder Bergwerksbahn sowie die Strecke von Klostermansfeld nach Wippra. Weiter in östlicher Richtung liegt das Bw Röblingen und schließlich auch die Lutherstadt Wittenberg. Dem Bw Güsten waren die Einsatzstellen Staßfurt, Köthen, Aschersleben und Bernburg unterstellt, eingesetzt wurden Reko-50er und die Baureihe 41. Auch 03 002, die letzte bei der DR planmäßig eingesetzte 03, und 03 117 gehörten zeitweise zum Einsatzbestand. Im Frühjahr 1982 wurde der bis dahin schon deutlich reduzierte Dampflokeinsatz aus Gründen der Dieselknappheit wieder erheblich ausgeweitet. Damit kamen die 41er, die aus Oebisfelde übernommen wurden, in Staßfurt verstärkt zum Einsatz. In den anderen Einsatzstellen erhöhte sich die Zahl der aktiven 50er. Die Staßfurter fuhren im Wesentlichen Güterzüge nach Magdeburg und Köthen. Aber auch etliche Personenzüge waren im Plan, die die 41er bis Sangerhausen und Lutherstadt Wittenberg kommen ließen. Erst Ende 1987 schied die letzte Dampflok aus dem Plandienst in Staßfurt aus, wobei 41 1185 und 65 1049 weiterhin als Traditionsloks dort betreut wurden. Im Mai 1988 erhoben sich aber wieder Dampfwolken über Staßfurt, denn man verabschiedete sich würdig von der Baureihe 41: 41 1231 fuhr einen Monat lang den alten Personenzugplan.

Seit 1880 gibt es den Bergwerksbahnbetrieb im Mansfelder Land. Zwischen Hettstedt und der Lutherstadt Eisleben erstreckte sich einst ein umfangreiches Schmalspurnetz auf 750-mm-Gleisen. Der VEB Mansfeld Kombinat „Wilhelm Pieck" Eisleben transportierte mit der Werksbahn den Kupferschiefer, Kohle, Schlacke und sonstige Stoffe zwischen den zahlreichen Schächten und den Hüttenwerken in Hettstedt und Helbra. Heute ist daraus eine attraktive Museumsbahn geworden (Mansfelder Bergwerksbahn e.V., MBB), die interessante Fahrten und Aktionen zwischen Benndorf (Klostermansfeld) und Hettstedt anbietet. Ebenfalls in Klostermansfeld beginnt die 20 Kilometer lange Stichstrecke nach Wippra durchs Tal der Wipper, daher auch die Bezeichnung „Wipperliese". 2016 übernahm die MBB die Strecke, auf der bis dato an Wochenenden und Feiertagen Touristikverkehr mit Triebwagen durchgeführt wird.

Das Bw Röblingen etwa auf halber Strecke zwischen Sangerhausen und Halle setzte bis März 1981 Maschinen der Reihe 52.80 auf der reizvollen Nebenbahn nach Vitzenburg über Querfurt ein. Die Einsatzstelle Querfurt bespannte Züge nach Merseburg.

Zwischen Hettstedt und Gerbstedt bzw. Heiligenthal (ehemalige Halle-Hettstedter Eisenbahn) war noch bis in den Herbst 1976 die Baureihe 86 zu erleben.

Das Bw Lutherstadt Wittenberg war das letzte Bw, das die Baureihe 03 Reko regulär im Plandienst einsetzte, von kurzfristigen Intermezzos einiger Exemplare, etwa in Güsten oder Oebisfelde Anfang der 80er-Jahre einmal abgesehen. Bis in den Mai 1979 wurden D- und P-Züge zwischen Leipzig und Berlin, nach Bitterfeld und Cottbus bespannt.

41 1231-4

41 1159-7

01 1512-1

41 1149-0

GÜSTEN

41 1025-0
SANDERSLEBEN

Oben: 41 1159 hat mit P 3226 Sandersleben verlassen und strebt dem Ziel Schönebeck-Salzelmen entgegen (26. Mai 1983).

Links oben: Hier hat die 41 1132 den P 3226 am Haken, Abfahrt in Güsten Richtung Norden (28. Juli 1985).

Links unten: 41 1025 beschleunigt den P 3223 nach Sangerhausen aus Sandersleben heraus (22. August 1983).

Vorherige Doppelseite: Bahnhof Güsten unter Dampf

Links oben: Zur Verabschiedung der Baureihe 41 setzte die Einsatzstelle Staßfurt noch einmal die 41 1231 ein, die im Frühjahr 1988 einen Monat lang den alten Plan fuhr. Hier steht der P 3223 einige Minuten in Güsten (28. April 1988).

Links unten: 41 1159 posiert in hervorragendem Pflegezustand am Güstener Bahnsteig (26. Mai 1982).

Rechts oben: Als Ersatz für die abgestellte 41 1159 kam 01 1512 noch einmal für einige Wochen zum Einsatz, Güsten am 26. August 1982.

Rechts unten: Anlässlich einer Lokausstellung im August 1985 in Magdeburg fuhr die Staßfurter Dampfgilde den Umlauf P 6246 – 6247/6249 mit einer 41 nach Magdeburg. Mit dem P 6247 fährt 41 1148 gerade in Güsten ein, während in Gegenrichtung 41 1132 am P 3226 gerade Wasser nimmt (24. August 1985).

Siersleben
41 1159-7

Oben: Im Rahmen eines Eisenbahnfestes anlässlich des 20. Jubiläums des Vereins Mansfelder Bergwerksbahn begegnen sich 50 3610 und Lok 11 in Siersleben (2. Oktober 2011).

Links oben: 41 1159 bringt den P 3226 nach Halt in Siersleben wieder in Schwung (23. Mai 1984).

Links unten: Im Streiflicht der schon tief stehenden Sonne startet 41 1132 in Siersleben mit P 3226 zur Weiterfahrt nach Güsten (20. Januar 1982).

Nächste Doppelseite: Zechenbahn auf schmaler Spur

Links oben: Schon mit wenigen Einzahlern ließen sich nach der Wende private Charterfahrten organisieren. Auch die Mansfelder Bergwerksbahn ließ sich diese Einnahmen nicht entgehen und tat das Ihre zur Zufriedenheit der Besteller. Lok 7 + 10 rangieren hier in Hettstedt (Kupferkammerhütte, 31. Mai 1991).

Links unten: Bei Kaiserwetter hat Lok 7 in Benndorf (direkt neben dem Staatsbahnhof Klostermansfeld, daher der eigene Name) ihre Fahrt nach Hettstedt begonnen und kreuzt die blankgefahrene Kopfsteinpflasterstraße am Bahnhof (31. Mai 1991).

Rechts oben: Lok 7 + 10 überqueren die Staatsbahnstrecke Sangerhausen–Güsten (31. Mai 1991).

Rechts unten: Lok 7 auf der Wipperbrücke in Hettstedt. Ende 1989 rollte hier der letzte Zug mit Rohstein von Helbra nach Hettstedt. Die größte Ausdehnung des Streckennetzes betrug einmal 95 Kilometer (1. Juni 1983).

10

HETTSTEDT
41 1303-1

18 201
Halt für Dampflok

Oben: Die 20 Kilometer lange Stichbahn in die Harzberge von Klostermansfeld nach Wippra wurde erst 1920 eröffnet. Von Beginn an diente sie dem Tourismusverkehr, daneben aber auch dem Berufsverkehr, insbesondere der Bergarbeiter. Am 2. Oktober 2016 veranstaltete die MBB einen Planverkehr als Triebwagenersatz mit 86 1333 und dem Schweriner Traditionszug, der hier nach Verlassen des Bahnhofs Klostermansfeld auf dem Mansfelder Viadukt zu sehen ist.

Links oben: 41 1303 startet mit dem P 3226 in Hettstedt zur Weiterfahrt nach Schönebeck-Salzelmen (12. Juni 1982).

Links unten: Zwei edle Renner im Bw Halle P, 01 1102 (ex 012 102) und 18 201. Die Geschichte der Wiederinbetriebnahme der 01 1102 ist spektakulär. 1995 wurde sie in Meiningen aufgearbeitet, nachdem sie über 20 Jahre in Bebra als Denkmallok gestanden hatte. Und man entschloss sich, sie wieder mit einer Stromschalenverkleidung wie zur Auslieferungszeit 1940 zu versehen. Sie konnte Geschwindigkeiten über 150 km/h erreichen. Die schnellste Dampflok ist aber die 18 201, die aus mehreren Lokomotiven als Neukonstruktion hervorging und mit einem Treibraddurchmesser von 2,30 Metern Geschwindigkeiten von über 160 km/ h erreichen kann (7. Februar 1996).

86 1573-4
86 1771-4

86 1771-4

Oben: Bis zum Beginn des Winterfahrplans 1976/77 wurden auf der Strecke von Hettstedt über Gerbstedt nach Heiligenthal noch Loks der Baureihe 86 eingesetzt. Bei Welfesholz begegnet dem Fotografen die 86 1573 mit P 18230 von Gerbstedt nach Hettstedt wenige Tage vor der Einstellung des Dampfbetriebes (18. September 1976).

Links oben: Die drei letzten Exemplare ihrer Art auf dieser Strecke vor dem Lokschuppen in Gerbstedt: 86 1573, 1771 und links 1061 (September 1976). Beheimatet waren die Maschinen bei den Bw Halle P bzw. Röblingen. Neben Aue waren dies die letzten Einsatzstellen, bei denen diese Baureihe planmäßig fuhr.

Links unten: 86 1771 wartet in Gerbstedt vor ihrem Zug aus zweiachsigen Personenwagen („Donnerbüchsen") (September 1976).

Nächste Seite:

Das Bw Lutherstadt Wittenberg war eine der letzten Dienststellen, die die Baureihe 03 in größerem Umfang planmäßig einsetzten. Bis Mitte 1979 dauerte dieses Kapitel. Einige Exemplare kamen dann noch in Güsten und Oebisfelde bis 1980 phasenweise in den Zugdienst. Zwei Aufnahmen vom 2. September 1978 in Lutherstadt Wittenberg: oben 03 2083 und unten 03 2176.

03 2083-8

03 2176-0

41 1132-4

35 1113-6

Oben: Eine kleine Sensation war der Einsatz der Traditionslok 35 1113 beim Bw Nossen ab dem Winterfahrplan 1982/83. Bis Anfang 1985 beförderte die Lok zwischen Riesa und Dessau das nur freitags und sonntags verkehrende Eilzugpaar E 944/947 Dresden–Magdeburg. Zwischenzeitlich standen aber auch Personenzüge nach Riesa und Elsterwerda auf dem Plan. Auf unserem Bild ist sie vor dem E 944 in Wittenberg-Elbtor am Abzweig Hafen zu sehen (17. April 1983).

Rechts oben: In Gräfenhainichen kommt 03 2128 wieder in Fahrt mit Ziel Bitterfeld (23. März 1978).

Rechts unten: 03 2148 legt sich am Stadtrand von Lutherstadt Wittenberg auf dem Weg nach Bitterfeld in die Kurve (24. März 1978).

Vorherige Seite:

Oben: 41 1159 verlässt mit P 3496 die Lutherstadt, links der Turm der Schlosskirche (27. Mai 1983).

Unten: 35 1113 rollt vor dem E 944 bei Elster zügig heran (22. April 1984).

03 2128-1
Gf

Elbe

Oben: 44 0194 wartet in Röblingen auf die Weiterfahrt (27. Mai 1980).

Links oben: 41 1159 überquert mit dem P 3222 Sangerhausen–Wittenberg die Mulde zwischen Dessau und Roßlau (8. August 1982).

Links unten: 35 1113 in Roßlau am E 944 (3. Oktober 1982).

Nächste Doppelseite:

Links oben: Das Bw Röblingen mit der Einsatzstelle Querfurt beendete schon im März 1981 den Dampfbetrieb. Hans Faust gelangen einige stimmungsvolle Aufnahmen von der typischen Nebenbahnstrecke nach Vitzenburg. Den Anfang macht der Bahnhof Röblingen, in dem sich 52 8033 und 8044, die soeben mit einem Personenzug eingetroffen ist, begegnen (27. Mai 1980).

Links unten: 52 8033 steht abfahrbereit mit P 16557 am Röblinger Bahnsteig (27. Mai 1980).

Rechts oben: 52 8044 hat den Bahnhof Obhausen mit dem P 15553 nach Querfurt erreicht. Die beinahe schon morbide Eisenbahnidylle fasziniert den geneigten Betrachter (Mai 1980).

Rechts unten: 52 8044 rollt bei Querfurt über eine der hübschen Steinbrücken bei Lodersleben (Oktober 1980).

52 8033-4
DR

52 8033-4
Röblingen a See

52 8044-1
OBHAUSEN

52 8039-1

Oben: 52 8044 rollt mit ihrem Züglein auf der Querfurter Schiene an einer wohlbewachten Schafherde vorbei, damit angesichts dieses schwarzen Ungetüms auch keine Panik aufkommt (Mai 1980).

Links oben: Zugkreuzung in Lodersleben, einem Bahnhof scheinbar im Nirgendwo. 52 8044 steht mit dem GmP 68406 bereits im Bahnhof, während 52 8119 mit dem P 16557 gerade einfährt (Mai 1980).

Links unten: 52 8039 befördert bei einer Plandampfaktion einen Güterzug bei Querfurt (August 1996).

Nächste Seite:

Oben: Der gleiche Zug, im Hintergrund die Skyline von Querfurt.

Unten: Zu Füßen der Neuenburg in Freyburg dampft 52 8039 vorbei (August 1996).

52 8039-1

Bildnachweis

Fröhmer, Volker: S. 4 u, 8 u, 10 u, 12, 13, 14, 18, 23, 24 o, 27, 28, 29, 30 o, 32 u, 49 u, 53 u, 56, 58, 60 u, 62 o, 98 u, 101, 102, 111 o;
Siebke, Karl Heinz: S. 8 o, 51, 64 o, 75 u, 86, 87, 91 o, 93 o, 94 u, 99 u, 114 o;
Kuckert, Eberhard: S. 11 o, 32 o, 34 u, 40 u, 72, 99 o;
Dahlhaus, Helmut: S. 15, 19, 84, 90 o, 91 u, 100 o, 109, 111 u, 112;
Faust, Hans: S. 20, 22 u, 59, 67, 113, 115, 116, 117, 118, 119, 120;
Waidelich, Michael: S. 9, 10 o, 90 u, 94 o, 95;
Waidelich, Thomas: S. 22 o, 41, 104, 105 o;
Hanitzsch, Reinhard: S. 26 u, 30 u, 53 o, 69 o;
Peters, Sören: S. 33, 40 o, 46, 50, 70 u, 71 o, 73, 79, 98 o;
Thomas, Falk: S. 35 u, 47 u, 49 o, 71 u, 75 u, 76 u, 92, 107;
Kristandt, Peter (†): Einband vorne, S. 39 o, 44, 45, 48 o;
Sammlung Thomas Böttger: S. 105 u, 110, Einband hinten;
Hufe, Volker: S. 103;
Rossel, A.: S. 64 u.
Alle weiteren Bilder stammen aus der Sammlung des Verfassers.

Einband vorne: Mit vereinten Kräften befördern 50 3618 und ihre Schwester 3556 am 22. August 1984 einen ansehnlichen Güterzug bei Quarmbeck Richtung Gernrode.
Seite IV: Historische Karte Nr. 12 aus dem Eisenbahn- und Verkehrsatlas von Europa, Koch/Opitz, 1912.
Vor-/Nachsatz: DR-Kursbuchkarte von 1956.
Einband hinten: 03 2176 am 2. September 1978 in Lutherstadt Wittenberg (siehe Seite 110).

Impressum

Sutton Verlag GmbH
Schweickhardtstraße 1
72072 Tübingen
www.suttonverlag.de

In diesem Buch wird aus Gründen der besseren Lesbarkeit das generische Maskulinum verwendet. Weibliche und anderweitige Geschlechteridentitäten werden dabei ausdrücklich mitgemeint, soweit es für die Aussage erforderlich ist.

2. Auflage 2024
ISBN: 978-3-96303-282-0
Druck: Elma Basim / Türkiye Gestaltung
und Herstellung: Sutton Verlag

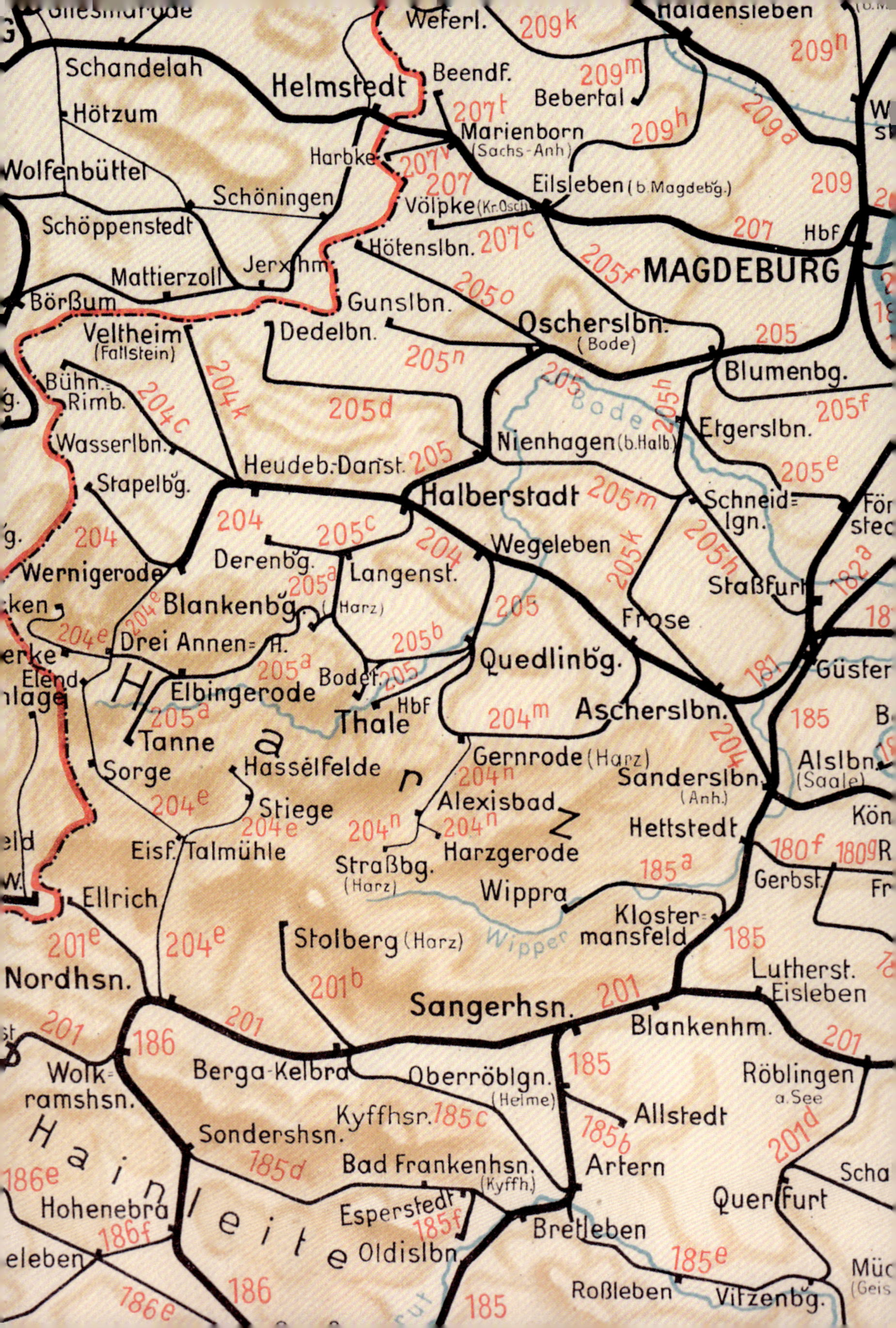
Weferl.
209k
Haldensleben
209n
Schandelah
Helmstedt
Beendf.
209m
Bebertal
Hötzum
207t
Marienborn
(Sachs-Anh)
209h
209a
Wolfenbüttel
Harbke
207v
207
Eilsleben (b. Magdebg.)
209
Schöningen
Völpke (Kr.Osch.)
Schöppenstedt
207c
207
Hbf
Hötenslbn.
205f
MAGDEBURG
Mattierzoll
Jerxhm.
Börßum
205o
Gunslbn.
Veltheim
(Fallstein)
Dedelbn.
Oscherslbn.
(Bode)
205
205n
Blumenbg.
Bühn.=
Rimb.
204c
204k
205d
205
Bode
205h
205f
Etgerslbn.
Wasserlbn.
Nienhagen (b. Halb.)
Heudeb.-Danst.
205
205e
Stapelbg.
Halberstadt
205m
Schneid=
lgn.
204
204
205c
Derenbg.
Wegeleben
205h
Wernigerode
Langenst.
204
205k
Staßfurt
182a
205a
Blankenbg.
(Harz)
205
Frose
204e
204e
Drei Annen=H.
205b
Quedlinbg.
181
Elend
205a
Bodef.
205
Güster
Elbingerode
Thale
Hbf
204m
Aschersbln.
185
205a
Tanne
Gernrode (Harz)
Alslbn.
(Saale)
Sorge
Hasselfelde
204n
Sandersbln.
(Anh.)
204
H
a
r
z
204e
Stiege
Alexisbad
204e
204n
204n
Hettstedt
Eisf. Talmühle
Harzgerode
180f
180g
Straßbg.
(Harz)
185a
Gerbst.
Ellrich
Wippra
Kloster=
mansfeld
201e
204e
Stolberg (Harz)
Wipper
185
Nordhsn.
201b
Lutherst.
Eisleben
Sangerhsn.
201
201
201
Blankenhm.
186
Berga-Kelbra
185
201
Wolk=
ramshsn.
Oberröblgn.
(Helme)
Röblingen
a. See
Kyffhsr.
185c
Allstedt
Sondershsn.
185b
201d
Hainleite
186e
185d
Bad Frankenhsn.
(Kyffh.)
Artern
Querfurt
Hohenebra
Espersted
185f
186f
Bretleben
eleben
Oldislbn.
185e
186e
186
185
Roßleben
Vitzenbg.